Erwin Moser
Der sanfte Drache

Inhalt

4 Der Liebesbrief	Das Hubschrauberschloss 26
6 Die Übersiedlung	Das Unterwasserauto 28
8 Ein entfernter Verwandter	Die Zwergmäuse und die Motten 30
10 Das mechanische Känguru	Die Rettung 32
12 Die Touristen	Die Hausaufgabe 34
14 H & R-Luftreisen	Der berühmte Detektiv 36
16 Der schwebende Tiger	Der grüne Käfer 38
18 Absturz in der Wüste	Das Hochwasser 40
20 Ida, die Giraffe	Die Mäuse und der Uhu 42
22 Der sanfte Drache	Der Weihnachtsbaum 44
24 Der lästige Vogel	Der fliegende Teppich 46

Erwin Moser
Der sanfte Drache

Gute-Nacht-Geschichten

BELTZ
&Gelberg

Der Liebesbrief

Lukas, der Bär, arbeitete als Redakteur bei einer großen Tageszeitung, dem »Bärenkurier«. Tagaus, tagein saß er in einem Großraumbüro an seinem Schreibtisch. Mit ihm arbeiteten noch 74 weitere Bären und Bärinnen in dem Büro. Das war ein Lärm dort! Dauernd schrillten die Telefone, immer war alles höchst dringend zu erledigen, es gab keine ruhige Minute.

Lukas liebte zwar seine Arbeit, aber in letzter Zeit spielten einfach seine Nerven nicht mehr mit. Alles war ihm zu laut, zu grell und zu schnell. Er sehnte sich nach einem langen, langen Urlaub auf einer einsamen Insel oder, noch besser, im stillen kühlen Norden, wo es sonst nichts gab als Schnee und köstliche Stille.

Das Schicksal – oder der Zufall – erhörte sein Sehnen, er machte eine beträchtliche Erbschaft, kündigte noch am selben Tag bei der Zeitung und ließ sich mit dem Hubschrauber in den hohen Norden fliegen. Lukas-Bär zog in eine kleine Blockhütte, machte ein kräftiges Feuer im Ofen und streckte auf dem weichen Bett alle viere von sich. Ahhhhh …

Ungefähr drei Wochen lang war Lukas der zufriedenste Bär auf der Welt. Dann begann er sich zu langweilen. Er hatte zu viel geschlafen und gefaulenzt. Er war irgendwie zu ausgeruht, sodass er sich schon wieder müde fühlte. Also machte er lange Spaziergänge durch die Schneelandschaft. Da Lukas aber sonst nichts sah als Schnee und wieder Schnee, wurde ihm noch langweiliger. Er ertappte sich dabei, wie er sich beim Betrachten seiner eigenen Spuren im Schnee wünschte, sie wären von einem anderen Bären. Dann fing er an, nach irgendeinem anderen Lebewesen, und sei es noch so klein, Ausschau zu halten. Doch in dieser Gegend lebte wohl nicht einmal eine Laus. Der See!, dachte Lukas. Er muss voller Fische sein! Fische sind auch bei großer Kälte quicklebendig. Sie können zwar nicht reden aber das macht nichts! Schnell hackte der Bär ein Loch in die Eisdecke und wartete. Es dauerte nicht lange, und ein kleiner Fisch streckte ganz kurz seinen Kopf durch die Wasseroberfläche. Er sah den Bär und tauchte sofort wieder unter. »Warte, warte!«, rief Lukas. »Ich tu dir nichts. Bleib ein bisschen!« Aber der Fisch ließ sich nicht wieder blicken. Nach einigen Tagen vergeblichen Wartens ließ Lukas an einer Angel einen Liebesbrief ins Wasser hinunter. Natürlich können Fische mit Liebesbriefen nichts anfangen … Ja, auf so seltsame Einfälle kann einer kommen, wenn er zu lang allein ist. Gottseidank kam nach sechs Wochen der Hubschrauber und brachte Lukas-Bär wieder zurück in die hektische, aber wundervoll lebendige Stadt!

Die Übersiedlung

Eine braune Waldmaus hatte eine graue Bergmaus geheiratet. Die Waldmaus hatte in einem stillen Wald unten im Tal gelebt, die Bergmaus oben in einem rosaroten Haus in der Nähe eines Berggipfels. Dort lebte das Mäuse-Ehepaar nun zusammen.

Die Waldmaus war zwar sehr glücklich mit ihrem Bergmäuserich, aber sie vertrug die Höhenluft nicht gut, weil sie nicht daran gewöhnt war. Außerdem wehte so hoch oben auf dem Berg immer ein kühler Wind, und die Waldmaus fühlte sich oft wie durchgefroren, obwohl im Ofen eingeheizt war. Als dann noch ein kalter Winter kam, ging es der Waldmaus ganz schlecht. Der Bergmäuserich wusste nicht, wie er ihr helfen konnte.

Eines Wintertages kamen zwei Freundinnen der Waldmaus zu Besuch. Als ihnen die Waldmaus ihre Probleme schilderte, hatte eine ihrer Freundinnen sofort die rettende Idee! Sie machte dem Bergmäuserich einen Vorschlag und er war gleich damit einverstanden.

Am nächsten Tag holten die beiden Waldmäuse Arno, den Braunbär. Arno zog seinen großen Schlitten zum Berggipfel hinauf. Der Bär hob das rosarote Mäusehaus auf seinen Schlitten, band es fest und fuhr so mit dem Haus samt Mäusen den steilen Berghang ins Tal hinunter.

Alles ging gut. An einer windgeschützten Stelle nahe dem Waldrand stellte der Bär das Häuschen ab – und der Waldmaus ging es sofort wieder gut. Auch dem Bergmäuserich gefiel es im Tal. Sie blieben bis an ihr Lebensende an der Stelle, wo der Bär ihr Häuschen abgesetzt hatte. Nur einmal im Monat kletterte der Bergmäuserich zum Berggipfel hinauf und ließ sich den kalten Wind ordentlich um die Ohren blasen. Das brauchte er einfach ...

Ein entfernter Verwandter

Zelia, die blaue Echse, war in der Kaktuswüste aufgewachsen. Sie hatte früh ihre Eltern verloren und wurde von einem alten Dachs großgezogen. Als Zelia erwachsen war, starb auch der Dachs. Er hinterließ ihr sein weitverzweigtes Höhlensystem und eine Goldader, die er beim Graben in der Erde entdeckt hatte.
Zelia war also reich. Aber sie war nun ganz allein und sehnte sich nach Gesellschaft. Genauer gesagt sehnte sie sich nach der Gesellschaft einer anderen Echse ihrer Art, einer blauen Echse. Oft schon hatte sie die Wüste durchstreift, aber sie war keiner blauen Echse begegnet. Sollte sie die einzige blaue Echse auf der Welt sein?

Eines Tages traf Zelia auf einer ihrer Wanderungen eine Ratte, die weit in der Welt herumgekommen war. Die Ratte erzählte Zelia, dass es im Urwald, weit unten im Süden, noch eine zweite blaue Echse gab! Sie hatte diese Echse zwar nicht selbst gesehen, aber sie wusste die Adresse eines Katers, der diese Echse mit eigenen Augen gesehen haben wollte. Noch am selben Tag reiste Zelia in den Süden. Der Kater hieß Pierre. Er wohnte in einem Dorf an einem Dschungelfluss, und er besaß ein kleines Dampfboot. Alle Leute im Dorf kannten Pierres Geschichte von der riesigen blauen Echse, die er einmal auf einer Flussfahrt gesehen hatte. Doch niemand glaubte ihm.

Als nun Zelia ankam, war der Kater glücklich. »Ja, ja«, sagte er eifrig, »es gibt diese blaue Echse. Sie sieht aus wie du, Zelia, ist aber viel, viel größer. Und sie dürfte sehr scheu sein. Komm, fahren wir zu ihr. Wenn sie dich sieht, wird sie bestimmt aus ihrem Versteck hervorkommen!« Und so war es auch. Nach zwei Tagen Fahrt auf dem Fluss kam es zur Begegnung mit der riesigen blauen Echse. Zuerst gab es eine Schrecksekunde: Die große blaue Echse wurde vor Überraschung ganz rot, als sie die kleine Zelia sah. Aber das gab sich nach ein paar Minuten. Als sie sich beruhigt hatte, war sie genauso blau wie Zelia. Und die beiden wurden sogleich unzertrennliche Freunde.

Das mechanische Känguru

Gilbert, der Beutelbär, beneidete die Kängurus, weil sie so hoch und weit springen konnten und weil sie so schnell waren mit ihren langen Beinen.

Gilbert selbst hatte kurze Beine. Damit konnte er zwar gut klettern, aber nur langsam laufen, und springen konnte er überhaupt nicht. Gilbert Beutelbär hatte sich ein Haus auf einem Felsen gebaut, damit er wenigstens auf diese Weise ein wenig Höhenluft genießen konnte. Einmal hatte er ein Känguru gebeten, ihn in seiner Beuteltasche mitzunehmen.

Doch das Känguru wollte davon nichts wissen. Gilbert war ein bisschen gekränkt, da er doch selber ein Beuteltier war, also ein Verwandter der Kängurus.

Da beschloss Gilbert, sich ein mechanisches Känguru zu bauen! Eine Känguru-Hüpfmaschine, sozusagen. Den Motor nahm er von einem alten Jeep. Für das Entwickeln der Springmaschinerie brauchte er fast zwei Jahre. Eines Tages war es dann soweit. Knatternd, tutend und quietschend setzte sich das mechanische Känguru in Bewegung.

In der Pilotenkanzel betätigte Gilbert eifrig die Hebel wie ein Kranführer. Da, ein Sprung, mindestens fünf Meter weit! Und noch einer, sieben Meter! Eine Kängurumutter und ihr Kind schauten Gilbert fassungslos zu.

Seither reitet Gilbert Beutelbär jeden Tag auf seiner irren Maschine durch die Gegend und ist restlos glücklich und zufrieden.

Die Touristen

Eines Tages hielt ein Zug im Bahnhof eines Alpendorfes. Zwei dickhäutige Urlauber stiegen aus: die Nilpferde Ottomar und Yolanda. Die Einheimischen starrten sie mit großen Augen an. Yolanda fragte nach dem nächsten Hotel. Dort nahmen die beiden das größte Zimmer und erschienen später in Landestracht zum Abendessen: Lederhosen und karierte Hemden. Der Wirt musste zwei Tische zusammenschieben, damit sie und die fünfgängige Mahlzeit, die sie bestellten, Platz hatten. Schlürfend und schmatzend machten sich die Nilpferde über die Speisen her. Die anderen Hotelgäste verließen schaudernd den Speisesaal, als sie sahen, wie sich die Nilpferde beim Essen aufführten. Die Wirtsleute brauchten danach zwei Stunden, um den verwüsteten Tisch und seine Umgebung sauber zu machen.

In der Nacht konnte niemand im Hotel schlafen, da die Nilpferde so laut schnarchten. Es klang, als ob irgendwo im Haus Lokomotiven ihren Betrieb aufgenommen hätten.

Am Morgen, nach einem nicht minder wüsten Frühstück, brachen Ottomar und Yolanda zu einer Wanderung in die Berge auf.

Die Hotelgäste und die Wirtsleute atmeten tief durch. Niemand hatte sich etwas zu sagen getraut. Die riesigen Nilpferde waren allen unheimlich.

Ottomar und Yolanda stapften inzwischen auf ihren dicken, kurzen Beinen den Weg zum Wasserfall hinauf und fanden alles, was sie sahen, ganz zauberhaft. Schließlich betraten sie polternd die kleine Brücke über dem Wasserfall und Ottomar stieß vor lauter Freude einen röhrenden Jodler aus. Da begann ein roter Vogel, der sein Nest mit zwei Jungen auf dem Baum neben dem Wasserfall hatte, die beiden auszuschimpfen. Was er dabei sagte, verschweigen wir lieber. Ob sich die Nilpferde danach rücksichtsvoller benommen haben? Vielleicht. Für eine kurze Zeit. Leider haben Leute mit dicker Haut meistens auch ein sehr kurzes Gedächtnis ...

H & R - Luftreisen

Harro, der Hund, und Riccio, der kleine Graubär, hatten sich in jahrelanger Arbeit ein schweres Ballonluftschiff gebaut. Die große Gondel sah einem Schiffsrumpf ähnlich und in ihrem Unterdeck waren mehrere Schlafgelegenheiten und eine kleine Küche untergebracht.

Harro und Riccio lagerten eine große Menge Lebensmittel ein, denn sie hatten eine lange Reise ohne eigentliches Ziel vor. Sie wollten einfach mit dem Wind durch die Luft fahren, sich von ihm treiben lassen, wohin er gerade wehte. Und dort, wo es ihnen am besten gefallen würde, wollten sie landen.

Als alle Vorbereitungen getroffen waren, hoben sie ab und stiegen in den Himmel auf.

Eine frische Brise trieb das Luftschiff übers Meer in Richtung Süden.

Nach einigen Tagen Fahrt sahen sie Land unter sich. Eine braungelbe, trockene Wüste. Nach weiteren zwei Tagen befanden sie sich über einer Steppe, dann überquerten sie ein dunstiges Urwaldgebiet. Schließlich tauchte eine bergige Landschaft vor ihnen auf. Harro und Riccio sahen voll Aufregung, dass einige dieser Berge kleine, rauchende Vulkane waren. Dann bemerkten die beiden, dass mächtige große Vögel über diesem Gebirge ihre Kreise zogen. Beim Näherkommen erkannten Harro und Riccio, dass diese Vögel riesige, bedrohlich wirkende Flugdrachen waren!

Harro und Riccio hielten den Atem an. Würden die Flugdrachen das Ballonluftschiff angreifen?

Doch nichts dergleichen passierte. Das Luftschiff fuhr ruhig durch einen Schwarm Drachen hindurch. Die Flugdrachen beachteten es kaum.

Wenig später sahen Harro und Riccio auf einem Felsen ein turmartiges Gebäude. Dort landeten sie zum ersten Mal. Mehrere Mäuse und ein kleiner Bär wohnten in dem Turm. Sie waren ebenfalls ganz erstaunt, dass die Flugdrachen das Luftschiff unbehelligt gelassen hatten.

Harro und Riccio blieben fast ein Jahr in dieser Gegend. Sie verdienten sich ihr Geld, indem sie Urlauber in ihrem Luftschiff mitfahren ließen und ihnen die wilde Gegend der friedlichen Flugdrachen zeigten ...

Der schwebende Tiger

Im Dschungel gibt es unzählige Gefahren für kleine Mäuse. Am meisten fürchten sich die Urwaldmäuse vor Schlangen und allen katzenartigen Tieren. Aber Mäuse sind sehr vorsichtig und flink und wissen, wie sie ihren Feinden aus dem Weg gehen können.

Eine große Mäusefamilie lebte einmal in einer überwucherten Ruinenstadt mitten im Urwald. Die Ruinen boten ihnen tausende von Verstecken, und sie hatten die uralten Gemäuer zusätzlich mit einem Gewirr von unterirdischen Geheimgängen durchzogen.

Dort fühlten sich die Mäuse recht sicher.

Eines Tages zog nun ein großer Tiger in die Ruinenstadt ein. Die Mäuse waren entsetzt. Sie glaubten, dass sie von nun an keine ruhige Minute mehr haben würden und waren davon überzeugt, dass der Tiger sofort Jagd auf sie machen würde. Doch zu ihrem Erstaunen war dieser Tiger ganz und gar friedlich. In der Nacht ging er nicht auf Jagd, sondern schlief, und bei Tag saß er meistens auf seinem rosaroten Teppich, den er vor dem Eingang seiner Höhle entrollt hatte. Er saß stundenlang unbeweglich da, hatte die Augen geschlossen und zuckte nicht einmal mit den Ohren. Die Mäuse wagten sich immer näher an ihn heran!

Ganz langsam hob er vom Teppich ab und schwebte bis zu einem halben Meter hoch in der Luft. Dort blieb er eine Weile sitzen, mit einem leichten Lächeln im Gesicht. Dann schwebte er ebenso langsam wieder auf den Teppich zurück.

Seither wussten die Mäuse, dass der Tiger ein heiliger Tiger war. Einer, der sich von der Welt zurückgezogen hatte und nurmehr in geistigen Welten lebte. Und von da an liebten die Mäuse ihren Tiger. Manchmal brachten sie ihm ausgesuchte Leckerbissen zu essen, und solange der Tiger in den Ruinen lebte, ließ sich kein feindliches Tier blicken.

Absturz in der Wüste

Eines Nachmittags hörten die beiden Mäuse Diego und Dolores ein krachendes Geräusch, gleichzeitig wurde der Boden erschüttert und dann folgte eine laute Explosion. Die beiden liefen ins Freie und sahen, dass in der Nähe ihres Hauses ein Flugzeug abgestürzt war. Der Pilot hatte sich mit dem Fallschirm gerettet. Er schwebte herunter und blieb an einem hohen Kaktus hängen. Was war denn das für ein Tier? Diego und Dolores hatten noch nie einen Pinguin gesehen. Sie standen unter dem Kaktus und schauten hinauf. »Er ist ein Vogel!«, sagte Diego-Maus. »Schau, er hat Flügel! Aber wieso macht er sich nicht los und fliegt herunter?«
»Er ist zu dick oder die Flügel sind zu klein«, meinte Dolores. »Der kann nicht fliegen. Wir müssen ihm helfen.«
Der Pilot rief den Mäusen etwas zu, aber sie verstanden ihn nicht. Er sprach eine ganz andere Sprache als sie.
»Wir müssen den Kaktus umhacken«, sagte Diego. Die Mäuse schleppten eine Matratze aus dem Haus herbei, damit der Pilot weich fiel. Dann hackte Diego den riesigen Kaktus um.
Der Pinguin landete mit einem hohen Quieken, aber wohlbehalten, auf der Matratze. Sogleich lief er zu seinem brennenden Flugzeug. Nach einer Weile kam er ganz langsam und mit traurigem Gesicht zurück. »Ja, mein Freund, dein Flieger ist kaputt«, sagte Diego. »Was machen wir jetzt mit dir?« Der Pinguin machte eine Zeichnung in den Sand. Er zeichnete spitze Berge und Wellen darunter, dann schaute er die Mäuse fragend an. »Ja, ja«, rief Dolores, »hinter den Bergen ist ein Fluss! Willst du dorthin?« Der Pinguin nickte eifrig. Eigentlich hatte er mit der Zeichnung die Eisberge und das Meer seiner Heimat gemeint. Aber das konnten die Mäuse nicht wissen. Sie führten den Pinguin ins Haus und gaben ihm etwas zu trinken.
In der Nacht schlief er dann im Keller. »Er hat's gern kühl«, stellte Dolores fest. Am nächsten Morgen setzten die Mäuse den komischen Vogel in ihren Handkarren und brachten ihn zum Fluss jenseits der Berge. Der Pinguin schaute sich kurz um, als suche er nach Eisbergen, dann lachte er, winkte den Mäusen zu und sprang ins Wasser. Weg war er. Diego kratzte sich am Kopf. »Ein Vogel, der schwimmt und taucht wie ein Fisch«, sagte er. »Darauf wäre ich nie gekommen.« Dolores nähte sich am nächsten Tag aus dem Fallschirm einige hübsche rosarote Kleider. Die Seide reichte sogar für Vorhänge und zwei Garnituren Bettwäsche.

Ida, die Giraffe

Letzten Sommer fand auf der Katzeninsel Mauni eine Oldtimer-Rallye statt. Die Veranstalter hatten die Insel Mauni wegen ihrer schönen Landschaft und dem milden Klima ausgewählt. Eine Straße zieht sich entlang der Küste rund um die Insel. Sie ist teilweise von Palmen und Kakteen gesäumt, führt über einige nicht zu hohe Hügel und man hat einen traumhaften Blick auf den Ozean. An einem strahlend schönen Tag versammelten sich die fünfzig Teilnehmer der Rallye vor der Hauptstadt. Das Startzeichen wurde gegeben und die Rennfahrt begann. Die phantastischen, blitzblank geputzten Automobile fuhren hintereinander durch die Stadt, um dann auf der Küstenstraße richtig loszubrausen.

Die Bewohner der Katzeninsel schauten aus den Fenstern und bewunderten und bestaunten die schönen Autos mit ihren oft seltsamen Lenkern. Da fuhren ein Nashorn in einem wuchtigen, schwarzen Kabriolett vorbei und zwei Frösche in einem alten Taxi, ein Igel chauffierte ein dreirädriges Auto, ein schwarzer Hund saß am Steuer eines chromblitzenden Cadillacs, und ein Bär lenkte einen uralten, laut röhrenden Lastwagen. Das größte Aufsehen aber erregte Ida, die Giraffe, in ihrem roten Sportwagen!

So ein seltsames Bild hatten die Bewohner von Mauni noch nicht gesehen. Alle wunderten sich, wie die große Giraffe in dieses Auto gekommen war und erwarteten, dass sie jeden Augenblick gegen einen Baum fahren würde.

Doch Ida saß sehr sicher am Steuer ihres Sportwagens. Am Ende gewann sie sogar das Rennen, sie hatte nämlich von ihrer Höhe aus einen hervorragenden Blick über die Straße und konnte somit jedem Schlagloch ausweichen.

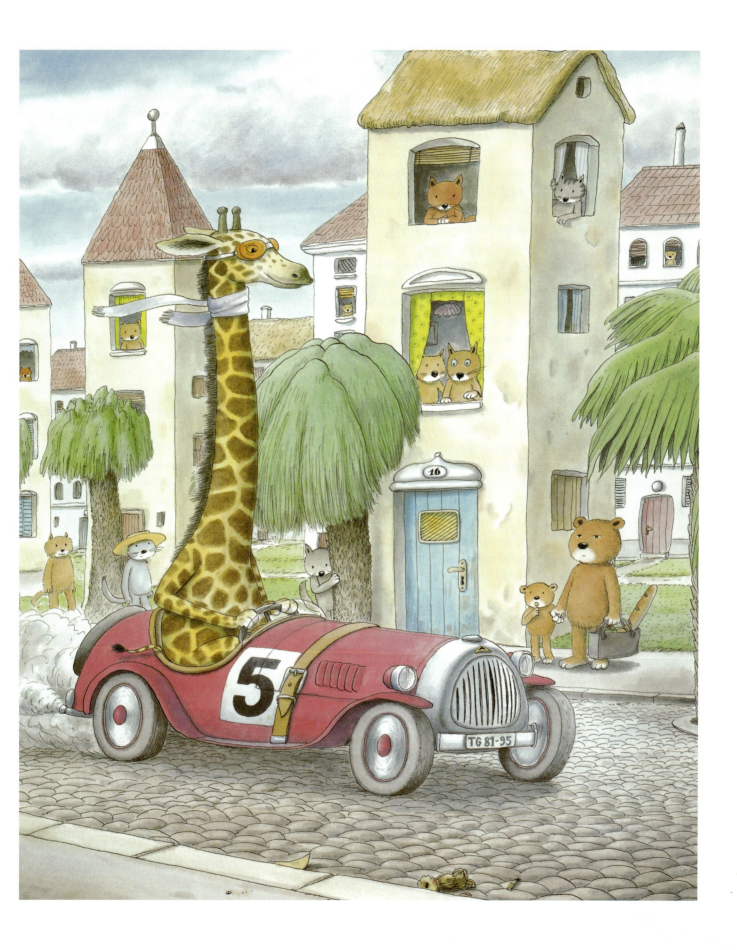

Der sanfte Drache

Leslie, der kleinen Katze, ging es nicht gut. Ihre Eltern hatten in letzter Zeit oft Streit, sie kümmerten sich nicht mehr um sie. Die Stimmung im Katzenhaus war kaum noch auszuhalten. Leslie fürchtete sich immer mehr vor der Schule, weil sie immer weniger lernte, je mehr zu Hause gestritten wurde.

Eines Morgens riss die kleine Katze aus! Sie füllte ihre Schultasche mit Lebensmitteln und wanderte davon. Nie mehr wollte sie nach Hause zurückkehren, das schwor sie sich, und es war ihr ganz gleichgültig, wohin sie ging und was mit ihr und allen anderen auf der Welt geschehen würde …

Zu Mittag kam die Katze zu einem niedrigen Sandsteingebirge. Zwischen den Felsen entdeckte sie einen kleinen See. Hier beschloss Leslie Rast zu machen. Sie suchte ein schattiges Plätzchen, bog um einen Felsen und stand plötzlich vor einem schlafenden Drachen! Das heißt, eigentlich war nur sein Kopf und ein Stück des Halses zu sehen. Sein Körper war in einer Höhle verborgen. Es sah aus, als ob der Drache Wasser aus dem See getrunken hätte und danach in der Sonne eingeschlafen wäre. Doch der Drache schlief nicht wirklich. Er hatte Leslie schon lange kommen hören. Nun öffnete er seine lustigen Augen und sagte mit tiefer, sanfter Stimme: »Ich rieche Butterbrot und Wurst! Gibst du mir was ab, kleine Katze? Ich heiße Verdenand, und wie heißt du?«

»Leslie!«, sagte Leslie und packte ihre Jausenbrote aus. Sie hatte überhaupt keine Angst. Man sah ja auf den ersten Blick, dass das ein ganz lieber Drache war! Der Drache aß leise schmatzend das Butterbrot und Leslie gab ihm auch noch die Wurst, die sie mithatte. »Darf ich dich berühren?«, fragte Leslie. »Aber jaaa …«, sagte der Drache Verdenand. Leslie kraulte ihn am Hinterkopf. Er fühlte sich überraschenderweise ganz weich an.

»Erzähl mir was von dir, Leslie«, sagte der Drache. Und die Katze schilderte ihm alle ihre Probleme, die ihr mit einem Mal gar nicht mehr so schwer vorkamen …

Gegen Abend kam Leslie gut gelaunt nach Hause. Ihre Eltern hatten sich schon große Sorgen um sie gemacht und waren froh, dass sie sie wiederhatten. Von diesem Tag an stritten sie viel weniger miteinander. Leslie verriet niemandem etwas von dem Drachen Verdenand. Heimlich besuchte sie ihn mindestens einmal in der Woche. Es stellte sich heraus, dass der Drache sehr gebildet war. Er sprach mehrere Sprachen, konnte hervorragend rechnen und half Leslie bei den Hausaufgaben. Nur hungrig war er immer, und Leslie hatte es nicht leicht, ihren Eltern zu erklären, wieso sie auf einmal so viel Wurst und Brot verbrauchte, ohne dabei auch nur ein Gramm zuzunehmen …

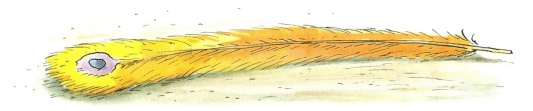

Der lästige Vogel

Die Mitglieder der Katzenfamilie Pfotinger waren ursprünglich alle Weinbauern. Aber in einem strengen Winter erfroren ihnen alle Weinstöcke. Da verkauften sie ihren ganzen Grundbesitz samt Bauernhof und wanderten nach Südamerika aus. In einer warmen Gegend, an einem kleinen See, bauten sie ein neues Haus und legten eine Himbeerplantage an. Die Pfotingers hatten vor, Himbeersaft zu erzeugen, in Flaschen abzufüllen und sie dann zu verkaufen.

Die Himbeerstauden wuchsen erstaunlich schnell. Das lag wohl an dem heißen und feuchten Klima dieser Gegend. Bereits im ersten Jahr wurden die Stauden an die zehn Meter hoch und trugen wahre Riesenbeeren. Die Pfotingers freuten sich sehr und trafen Vorbereitungen zur Himbeerernte.

Doch dann geschah etwas Unvorhergesehenes! Eines Morgens landete ein großer, gelb-roter Vogel mitten in der Himbeerpflanzung und begann, die Beeren abzufressen. Bis die Katzen merkten, was da vor sich ging, hatte er bereits die Hälfte aller Himbeeren verputzt.

Am nächsten Tag kam der große Vogel wieder und aß fast alle noch übrig gebliebenen Himbeeren. Dieses Mal entdeckte er das Bauernhaus, kam neugierig herbei und hüpfte auf das Dach. Der Dachstuhl ächzte bedrohlich unter seinem Gewicht. Mama Pfotinger wurde wütend. Sie nahm den Besen und begann, den Vogel zu schimpfen. Doch das störte ihn nicht. Er blinzelte nur lustig mit seinen gelben Augen und schaute erstaunt herunter.

Da knarrte das Dach, als ob es jeden Moment einstürzen würde. »Wirst du verschwinden, du gelber Pfau!«, rief Mama Pfotinger und packte eine der langen Schwanzfedern des Vogels. Das half.

Der Vogel stieß einen schrillen Schrei aus und flatterte davon. Die lange Schwanzfeder aber blieb in Mama Pfotingers Pfote zurück! Der lästige Vogel kam nie mehr wieder, aber gute drei Viertel der Himbeerernte hatte er vernichtet. Die Pfotingers waren nun arm wie Kirchenmäuse und überlegten, ob sie nicht wieder in ihre alte Heimat zurückkehren sollten. Drei Wochen später kam ein Vogelkundler durch diese Gegend. Er war auf der Suche nach einem ganz seltenen Vogel. Als ihm die Pfotingers von ihren Erlebnissen mit dem gelben Vogel erzählten, geriet der Forscher ganz aus dem Häuschen.

Die Katzen zeigten ihm die prächtige Feder und der Forscher kaufte sie ihnen sofort zu einem sagenhaft hohen Preis ab.

Die Familie Pfotinger konnte nun in Südamerika bleiben. Den großen Himbeervogel aber haben sie nie wieder gesehen.

Das Hubschrauberschloss

In der weiten Wüste leben nur wenige Leute. Aber auch sie bekommen Post. Es muss also auch dort einen Postzustelldienst geben, einen Wüstenbriefträger sozusagen.

Josua, der Wüstenmäuserich, war so ein Briefträger. Doch es gab noch einen anderen Zustelldienst. Der bestand aus drei Füchsen, die mit schnellen Kamelen die Post zustellten. Aber Josua hatte sich etwas einfallen lassen, wie er noch schneller als die Füchse zu den Postempfängern kam!

Er hatte sich mit Morla, der Wüstenrennschildkröte, angefreundet. Morla war ein außergewöhnliches Tier. Schildkröten sind normalerweise langsam und leben im Wasser. Morla jedoch konnte so schnell laufen wie ein Wiesel und Wasser brauchte sie nur einmal in der Woche zu trinken. Josua hatte ihr seinen Plan erklärt und Morla war einverstanden. Es gab da einen großen Kaktuswald, den die Füchse umgehen mussten, da sich die Kamele wegen der vielen Stacheln nicht hinein trauten. Die Schildkröte aber hatte keine Angst vor den Kaktusstacheln. Sie war klein und konnte unter den Kaktushecken durchlaufen, ohne sie zu berühren. So konnte Josua also auf Morlas Rücken die Abkürzung durch den Kaktuswald nehmen und die Post schneller als die Füchse zu den Bewohnern der Wüste bringen. Das Postzustellen machte ihr und Josua großen Spaß und sie waren bei den Wüstenbewohnern gern gesehen. Mit der Zeit kannten sie sich in der Wüste aus wie in ihrer eigenen Westentasche. Nur einmal verirrten sich die beiden! Nach einem mittleren Wüstensturm hatten sie die Orientierung verloren. Morla lief und lief, aber es war weit und breit keine Siedlung zu entdecken. Erst am späten Nachmittag kamen Josua und Morla zu einem seltsamen Wüstenschloss. Das Hubschrauberschloss der Katzen! Josua hatte davon schon einmal gehört. Es war ein Luftkurort mitten in der Wüste. Erholungsbedürftige Katzen wurden täglich in Hubschraubertürmen durch die klare Wüstenluft geflogen ... Josua ritt zum Schloss hinauf. Er und Morla wurden von den Katzen sehr freundlich empfangen, und sie blieben gleich einige Tage in dem Hubschrauberschloss und ruhten sich aus.

Das Unterwasserauto

In der Zeit vor der Erfindung der Unterseeboote gab es schon andere Fahrzeuge, mit denen man durch die Tiefen des Meeres fahren konnte. Es gab Unterwasserautos! Und irgendwo im weiten Ozean gab es sogar eine Unterwasserstadt. Sie hieß Aquapolis. Die Stadt bestand aus siebenhundert wasserdichten Hochhaustürmen, die mit Unterwasserstraßen, Brücken und Tunnels verbunden waren. Auf diesen Straßen fuhren die Unterwasserautos von Hochhaus zu Hochhaus.
In den Häusern gab es selbstverständlich Luftschleusen. Fuhr ein Auto in ein Haus, schloss sich hinter ihm ein eisernes Tor, das Wasser wurde hinausgepumpt, und die Fahrgäste konnten aussteigen und mit Aufzügen in ihre Wohnungen hochfahren.
Auf dem Bild sieht man einen Unterwasserbus, der gerade in Richtung Aquapolis-Innenstadt unterwegs ist. Aus den Bullaugen schauen die Maus Ines und ihre drei Kinder Ben, Katrine und Kornelia. Sie besuchen ihren Onkel Robert Wasserratte, der im schönsten Haus von ganz Aquapolis wohnt. Es ist ihre erste Unterwasserfahrt und sie sind alle vier schwer beeindruckt.
Die Unterwasserautos hatten damals nur einen Nachteil: Um nicht von der Meeresströmung von der Straße gedrückt zu werden, mussten sie sehr schwer sein. Das hatte zur Folge, dass ihre Räder oft auf der Straße einsanken und die Autos immer wieder hoffnungslos stecken blieben. Mit Funkgeräten (Funkgeräte gab es auch schon) mussten die Fahrer dann den Unterwasserabschleppdienst herbeirufen. Und manchmal blieben auch die Abschleppautos stecken. Kurzum, alle Bewohner von Aquapolis waren froh, als endlich die Unterseeboote erfunden wurden.

Die Zwergmäuse und die Motten

Auf einer Insel, mitten in einem weiten Sumpfland, lebten einmal mehrere Mäusefamilien. Sie waren sehr klein gewachsen, richtige Zwergmäuse! Vielleicht kam das davon, dass sie nur Nüsse aßen. Auf der Insel wuchsen nämlich nur Nussbäume. Eines Tages hatte eine Maus eine ungewöhnliche Idee. »Wisst ihr was?«, sagte sie zu den anderen Mäusen. »Bauen wir uns einen hohen Turm! Von seiner Spitze aus könnten wir sehen, ob es hinter dem Sumpf noch etwas anderes gibt oder ob die ganze Welt nur aus Sumpf besteht!« Die anderen Mäuse waren einverstanden. Drei Monate bauten sie an dem Turm, dann war er fertig. Von seiner Spitze aus konnten sie den Sumpf überblicken. Sie sahen eine niedrige Gebirgskette und eine grüne Ebene und das war sehr schön. Ob dort noch andere Mäuse lebten? Die Zwergmäuse stiegen jeden Tag auf ihren Turm und schauten sehnsuchtsvoll in die bläuliche Ferne. Dann kam eine Maus auf die Idee, eine große Laterne auf die Spitze des Turms zu stellen. Wer weiß, vielleicht konnte irgendjemand dort drüben das Licht der Laterne sehen und besuchte sie? Und wirklich, noch in derselben Nacht kamen zwei große Motten herübergeflogen. Das Licht zog sie magisch an. Unermüdlich umkreisten sie die ganze Nacht den Leuchtturm der Mäuse. Und in der darauf folgenden Nacht kamen noch mehr Motten und Nachtschmetterlinge.

So wurde die Insel mit dem Mäuseturm innerhalb kurzer Zeit zum beliebten Treffpunkt der Motten. Zu Hunderten kamen sie, umkreisten das Licht, ruhten sich zwischendurch aus und flatterten wieder hinauf. Sie redeten auch mit den Mäusen, denen das alles sehr gefiel. Manchmal brachten die Motten auch fremdartige Köstlichkeiten aus dem Land jenseits des Sumpfes mit. Bonbons zum Beispiel oder Früchte, die die Mäuse nicht kannten. Es war jetzt ganz schön was los auf der Insel der Zwergmäuse! Doch als der Sommer zu Ende ging, regnete es eine ganze Woche lang. Die Motten und Schmetterlinge blieben aus und das Wasser im Sumpf begann zu steigen. Es überschwemmte die gesamte Insel und die Mäuse mussten sich auf ihren Turm flüchten. Nach einer Woche hörte es auf zu regnen und eines Nachts kamen auch wieder die Motten auf die Insel. Die Mäuse hatten sie sehnsüchtig erwartet, denn ihre Nussvorräte gingen zur Neige. Als die Motten sahen, dass die ganze Insel unter Wasser stand, landeten sie auf dem Turm. Die große Mäuserettungsaktion begann. Die Mäusefamilien kletterten mit Sack und Pack auf die Rücken der Motten und diese flogen sie in eine freundliche Gegend aus. Zum Dank für ihre Rettung bauten die Mäuse später erneut einen hohen Mottenleuchtturm.

Die Rettung

Günter, der Dachs, hatte seit einigen Wochen eine neue Behausung. Wie immer war es eine Höhle tief unter der Erde. Aber diesmal hatte die Dachshöhle einen interessanten Eingang. Man betrat sie durch eine Tür in einem hohlen Baum! Der Baum hatte auch noch ein kleines Zimmer dicht unter den Ästen, darin wohnte Sonja, die Maus. Sie war so eine Art Hausmeisterin.

Ein Stück weiter weg, gegenüber vom neuen Haus des Dachses, stand ein gemauertes Häuschen. Auch dort waren vor kurzem Leute eingezogen. Und zwar eine Katzenfamilie. Günter Dachs hatte noch keine Zeit gefunden, sich mit den neuen Nachbarn bekannt zu machen. Er war vollauf mit dem Einrichten seiner Höhlenwohnung beschäftigt. Doch eines Tages kam Sonja, die Maus, zu Günter hinuntergelaufen und schrie: Das Haus der Katzen brennt! Komm schnell, Dachs, du musst sie retten! Günter eilte erschrocken hinauf. Tatsächlich, der Dachstuhl des Nachbarhauses hatte Feuer gefangen! Es ging ein heftiger Wind an diesem Tag, der den Brand noch stärker anfachte. So schnell ihn seine Beine trugen, rannte Günter Dachs zu dem Haus hinüber. Die Katzen hatten inzwischen ebenfalls gemerkt, dass ihr Haus brannte. Sie waren ganz entsetzt und räumten gerade ihre Habseligkeiten ins Freie. Das Bett mit dem Katzenkind (das auch noch Fieber hatte) stand schon im Garten. »Komm«, sagte Günter Dachs zum Katzenvater, »tragen wir alles in meine Höhle. Beruhigt euch, es ist niemand was passiert. Es kommt alles wieder in Ordnung!«

Gemeinsam trugen sie das Bett mit dem Katzenkind und dem Hausrat zu Günters Wohnung hinüber. Die Katzen hatten das Wichtigste retten können. Nur das Haus brannte bis auf die Grundmauern nieder. Die Katzenfamilie blieb den ganzen Winter über in der Höhle des Dachses. Im Frühling begannen sie dann mit dem Wiederaufbau ihres Hauses.

Die Hausaufgabe

Die Maus Violetti hatte im Schulunterricht nicht richtig aufgepasst und die Hausaufgabe falsch verstanden. Sie lautete: »Beschreibe das Aussehen und die Eigenschaften der Waldohreule«. Violetti hatte »Wildmooreule« statt »Waldohreule« verstanden.

Nun saß sie zu Hause am Küchentisch und wusste nicht weiter. Da ihre Eltern auch keine Ahnung von einer Wildmooreule hatten, ging Violetti in den Wald, um eine Eule zu suchen und sie zu fragen.

Die Maus hatte Glück. Auf einer kleinen Lichtung traf sie fünf Eulen, die gerade über den Sinn des Lebens diskutierten.

»Guten Abend«, sagte Violetti, »ist eine von euch vielleicht eine Wildmooreule?« Und sie erklärte den Eulen, was sie brauchte. Die Eulen dachten lange nach.

»Wildmooreule, Wildmooreule, nie gehört«, sagte eine der Eulen. »Vielleicht gibt es oben im Norden solche Eulen?«, sagte eine andere Eule. »Ja, aber wie sieht sie aus?«, wandte eine dritte Eule ein. Schließlich sagte die Sumpfohreule: »Vielleicht bin ich gemeint? Ich wohne ja auch in einem Moor! Beschreibe einfach mich!«

»Oder mich!«, rief die Waldohreule. »Waldohreule und Wildmooreule, das klingt fast gleich. Schreib: ›Die Waldohreule ist die schönste und klügste Eule ...‹«

»Na, so schön bist du ja auch wieder nicht«, wandte die Schneeeule ein. »Die schönste von uns fünfen bin eindeutig ich!« Daraufhin hatten die fünf Eulen beinahe zu streiten angefangen. Violetti rettete die Lage, indem sie sagte: »Ich weiß jetzt, was ich mache! Ich schreibe: ›Leider weiß ich nicht, wie eine Wildmooreule aussieht. Stattdessen beschreibe ich jetzt fünf der schönsten und klügsten Eulen die in unserem Wald wohnen.‹ Seid ihr einverstanden?«

Und ob die Eulen einverstanden waren! Es wurde ein sehr langer Aufsatz über Eulen, und Violetti bekam von allen Schülern die beste Note.

Der berühmte Detektiv

Albertin, der Mäuserich, hatte vor kurzem ein hübsches Schlösschen geerbt. Sogleich hatte er seine wenigen Habseligkeiten zusammengepackt, seine ärmliche Kellerwohnung in der Stadt verlassen und war aufs Land gezogen. Seit gut einem Monat lebte Albertin nun schon auf seinem Schloss. Die Gegend gefiel dem Mäuserich sehr, das Schlösschen war wunderbar, aber er war ganz allein und in manchen Nächten fürchtete er sich. Das kam von den seltsamen Geräuschen, die in der Nacht im Schloss zu hören waren. Da war ein Scharren und Kratzen draußen an der Mauer, manchmal polterte es auch auf dem Dach. In den Nachrichten hörte Albertin, dass eine Einbrecherbande diesen Teil des Landes unsicher machte. Von da an hatte er noch mehr Angst, denn er war sich nie sicher, ob die nächtlichen Geräusche nicht von eben diesen Einbrechern verursacht wurden, die vielleicht gerade dabei waren, aufs Dach zu klettern.

Dann entdeckte Albertin eine Zeitungsanzeige, in der der berühmte Detektiv Fronto Meow seine Dienste anbot! Kurz entschlossen schrieb der Mäuserich dem Detektiv und bat ihn, auf sein Schloss zu kommen. Fronto Meow sagte zu und kündigte für den Abend desselben Tages seinen Besuch an.

Als es dunkel wurde, nahm Albertin eine Laterne und ging dem Detektiv entgegen. Der Mäuserich erschrak ein wenig, als er sah, dass der Detektiv ein Kater war. Doch Fronto Meow war sehr liebenswürdig. Und er machte seinem berühmten Namen alle Ehre! Noch bevor er das Schloss betreten hatte, wusste er nach ein paar scharfen Blicken schon, wovon die unheimlichen nächtlichen Geräusche verursacht wurden. Die Äste eines alten Baumes scheuerten an der Schlossmauer und auf dem Dach war eine Blechverkleidung beim Rauchfang locker. Das war das ganze Geheimnis. Albertin atmete erleichtert auf. Er lud den berühmten Detektiv ein, für eine Woche auf dem Schloss zu bleiben, was dieser mit Vergnügen annahm.

Der grüne Käfer

Eines Abends klopfte es an der Tür von Familie Mausers Erdwohnung. Hedwig Mauser öffnete verwundert, denn sie erwartete keinen Besuch. Draußen stand ein großer, dunkelgrüner Käfer. Er trug einen Koffer und lächelte strahlend. »Guten Abend, Hedwig«, sagte er. »Erkennst du mich? Ich bin Erik Grünbaum.«
»Nicht möglich«, sagte die Maus. »Der kleine Erik von nebenan. Als ich dich das letzte Mal gesehen habe, warst du sieben Jahre alt. Wo seid ihr denn hingezogen, nachdem der Sturm euren Baum umgerissen hatte? Aber komm doch herein. Albert ist auch da, die Kinder schlafen schon, wir haben nämlich zwei Kinder ...«
Der Käfer Erik wurde auch von Albert Mauser freundlich begrüßt.
Sie setzten sich im gemütlichen Erdhöhlenzimmer der Mäuse um den Tisch, tranken Tee, und der grüne Käfer Erik erzählte seine Geschichte:

Nachdem er und seine Eltern vor fünfzehn Jahren den umgefallenen Baum, der ihr Haus gewesen war, verlassen hatten, zogen sie zu Verwandten in die Stadt. Eine große Grünkäfersippschaft wohnte dort in einer Eiche im Stadtpark. Durch den Park floss ein Bach und Erik spielte mit anderen Grünkäferkindern oft an seinem Ufer.
Eines Tages, Erik war damals zwölf Jahre alt, fiel er beim Spielen ins Wasser. Der Bach war zwar schmal, aber er floss mit ziemlicher Geschwindigkeit dahin und Erik wurde weggespült. Es gelang ihm, sich auf ein Stück Rinde zu retten. Wie auf einem kleinen Floß trieb Erik auf dem Rindenstück immer weiter den Bach hinunter. Der Bach mündete in einen gemauerten Kanal, und Erik durchquerte unterirdisch die ganze Stadt. Der Kanal wiederum mündete in einen Fluss. Dort trieb das Rindenstück mit dem Käfer an die Außenbordwand eines Schiffes. Erik nützte die Gelegenheit und kletterte an Bord. Gut zwei Wochen lang fuhr das Schiff flussabwärts, bevor es in einem Hafen vor Anker ging. Erik wollte nach Hause zurück und stieg auf ein anderes Schiff um. Leider fuhr dieses Schiff aufs Meer hinaus, und nach weiteren vier Wochen fand sich der Käfer in einem südamerikanischen Hafen wieder. Dort verließ er das Schiff und verbrachte die nächsten zehn Jahre im brasilianischen Urwald ...
Der Käfer erzählte und erzählte, und Herr und Frau Mauser hörten ihm mit großen Augen zu. Ob das alles auch stimmte? Wer weiß, was der Käfer noch alles erzählt hätte, wenn nicht ein Mausekind aufgewacht wäre und nach der Mama gerufen hätte! Jedenfalls durfte der grüne Erik auf dem Wohnzimmersofa übernachten. Am nächsten Tag würde man weitersehen ...

Das Hochwasser

Vor zwei Wochen war die Katze Melania mit ihren drei Kindern in das alte Bauernhaus am Fluss eingezogen. Sie hatte das Haus renovieren lassen und mit neuen Möbeln eingerichtet. Alles war fertig und dann kam das Hochwasser ...
Fünf Tage lang regnete es ununterbrochen und der Fluss stieg immer weiter über seine Ufer. Das Wasser überschwemmte den Garten, es füllte den Keller und schließlich drang es auch in die Wohnräume im Erdgeschoss. Melania und die Kinder flüchteten auf den Dachboden.
Nach zwei Tagen hörte das Hochwasser auf zu steigen. Aber es war Melania klar, dass sie von hier weg mussten. Sie konnten sich nichts zu essen kochen und den Kindern war kalt auf dem zugigen Dachboden. Da nahm sie eine alte Badewanne, die da oben herumstand, und verwendete sie als Boot. Die Katzen packten das Allernotwendigste zusammen und Melania ruderte das Badewannenboot in Richtung trockenes Land. Unterwegs hielten sie beim Eichkatzenbaumhaus an und fragten, ob jemand mitfahren wollte. Doch Peter Eichkatz dachte nicht im Mindesten daran, sein Baumhaus zu verlassen. »Wir leben schon seit vierzehn Jahren hier«, sagte er. »In dieser Zeit hat es fünf Mal Hochwasser gegeben, und nie ist es höher gestiegen als zwei Stufen unterhalb der Eingangstür. So wird es auch heuer wieder sein. Es tut mir sehr Leid, dass ihr so viel Pech hattet.« Dann gab er Melania die Adresse von Verwandten, die in der nächstliegenden Ortschaft wohnten. »Sag Onkel Nepomuk einen schönen Gruß von mir. Er wird euch sicher so lange bei sich wohnen lassen, bis das Hochwasser vorüber ist!« Melania fuhr mit ihren Kindern weiter. Sie kamen müde, aber ansonsten ohne Probleme, beim Haus von Peter Eichkatz' Onkel an. Das Bauernhaus am Fluss hat die Katze Melania kurze Zeit darauf verkauft. Ein zweites Mal wollte sie so eine schreckliche Überschwemmung nicht mehr erleben.

Die Mäuse und der Uhu

Jeden Abend kamen die Mäuse aus ihren Erdwohnungen und versammelten sich um den großen Stein auf der Wiese. Sie plauderten, besprachen dies und das und waren immer gut aufgelegt. Aber eines schönen Sommernachts tauchte ein großer, weißer Uhu über der Wiese auf. Die Mäuse huschten blitzschnell in ihre Löcher, denn Uhus und Eulen sind in der Nacht auf Mäusejagd, das wusste schon jede kleine Maus. Aber dieser Uhu verhielt sich gänzlich ungewohnt. Er landete auf dem Stein, um den zuvor die Mäuse gesessen hatten und rief: »Habt keine Angst vor mir, ich fresse keine Mäuse! Ich will mich nur mit euch unterhalten!«

Doch die Mäuse trauten ihm nicht. Einige von ihnen schauten kurz aus den Löchern und zogen schnell wieder die Köpfe ein, als ihnen der Uhu zuwinkte.

»Ich bin wirklich euer Freund!« rief er wieder. Aber keine Maus wagte sich ins Freie. Der Uhu blieb noch eine Weile sitzen und schaute in die Runde. Dann flog er plötzlich auf und verschwand in der Nacht. An diesem Abend blieben alle Mäuse in ihren Löchern. Erst am nächsten Abend trauten sie sich wieder heraus und versammelten sich wieder um den Stein auf der Wiese. Sie besprachen den gestrigen Vorfall, da kam auf einmal der weiße Uhu abermals angeflogen. Und wieder sausten alle Mäuse in ihre Erdhöhlen. Der Uhu ließ sich auf den Stein nieder. Diesmal hatte er ein rotes Buch bei sich. Das schlug er auf und begann laut zu lesen. Es waren lustige Mäusegeschichten, die er vorlas. Sie waren wirklich sehr lustig und spannend waren sie auch noch.

Zuerst kroch eine von den kleinen Mäusen aus ihrem Loch und näherte sich dem Uhu. Ihr gefiel die Geschichte ganz besonders und sie lachte immerzu. Als sie schließlich dicht vor dem Uhu saß und dieser immer noch weiterlas, wagten sich auch die anderen Mäuse heraus. Am Ende saßen alle im Kreis um den Uhu und hörten atemlos den spannenden Geschichten zu. Der weiße Uhu war ein echter Mäusefreund. Von da an kam er fast jeden Abend auf die Wiese, las aus dem Buch vor und erzählte auch eigene Geschichten. Und wenn einmal eine Eule oder ein anderer Uhu, der Appetit auf Mäuse hatte, auftauchte, so vertrieb sie der weiße Uhu. So einen schönen Sommer hatten die Mäuse schon lange nicht mehr gehabt!

Der Weihnachtsbaum

Die Weihnachtsferien hatten begonnen. Die Waschbären spielten in ihrem Zimmer Brettspiele. Sie fühlten sich innendrin ganz kugelrund vor Freude auf Weihnachten. Die Waschbärmama packte im Schlafzimmer die Geschenke ein, während Papa Waschbär mit einer Axt und einem Schlitten oben im Wald unterwegs war, um einen Weihnachtsbaum zu fällen. Der Waschbär ließ sich Zeit beim Aussuchen des Baumes. Er sollte nicht zu groß und nicht zu klein sein und sollte eine gleichmäßig dichte Krone haben.

Auch Papa Waschbär war in schöner, zufriedener Weihnachtsstimmung. Er blieb oft stehen und schaute über die glitzernden Wipfel der Nadelbäume ins Tal hinunter.

Es begann zu schneien, und der Waschbär entschied sich für eine junge Tanne, die er schnell umgehackt und auf den Schlitten geladen hatte.

Es dämmerte bereits, als er zu Hause ankam. Die Waschbärkinder hatten ihn kommen sehen und mit freudigen Rufen begrüßt. Papa Waschbär stellte den Baum im kühlen Flur in eine Ecke. Morgen war der 24. Dezember. Am Nachmittag würden sie dann gemeinsam den Baum schmücken.

Der Schnee rieselte gleichmäßig und lautlos vom Himmel. Tiefer Weihnachtsfrieden lag über dem ganzen Land ...

Der fliegende Teppich

Jedes Jahr zu Weihnachten besuchten die zwei kleinen Katzen Karina und Nikolai mit der Mama ihren Onkel Konstantin. Onkel Konstantin wohnte in einem Schlösschen, das auf einem Hügel stand. Karina und Nikolai freuten sich schon Wochen vorher auf diesen Besuch. In Onkel Konstantins Schlösschen war es immer so gemütlich und man konnte dort so viele merkwürdige Dinge entdecken. Die Zimmer des Schlösschens waren nämlich voll mit lauter Gegenständen, die der Onkel von seinen weiten Reisen mitgebracht hatte. Das tollste Ding war Onkel Konstantins fliegender Teppich. Schon zur Begrüßung riefen die beiden Katzenkinder: »Onkel Konstantin, wo ist dein fliegender Teppich? Machen wir wieder einen Rundflug?«

Und der Onkel sagte: »Nein, Kinder, heuer nicht. Es ist so kalt draußen. Schaut, was ich für Geschenke für euch habe!«

Er wollte Karina und Nikolai zwei Päckchen geben, doch die waren bereits in das Schlafzimmer des Onkels gelaufen und hatten den fliegenden Teppich und Onkels Eisbärpelzmantel aus der Truhe gefischt. »Bitte, bitte, Onkel, nur einmal ums Schloss fliegen, bitte!« bettelten die Katzenkinder. Sie wussten genau, dass der Onkel nicht nein sagen konnte. Und richtig: »Also gut«, sagte er. »Wenn es eure Mama erlaubt…«

Die Mama erlaubte es. Kater Konstantin zog seufzend seinen warmen Eisbärpelz an, setzte die Fliegerbrille auf und breitete den Teppich vor dem Schlosstor aus. Er setzte sich darauf, die Kinder luden ihre Geschenkpakete auf den Teppich (die wollten sie unbedingt mitnehmen, obwohl sie sie noch gar nicht ausgepackt hatten). Dann kletterten sie auf Onkels Schoß, der murmelte was (klarerweise den Zauberspruch, der den Teppich zum Fliegen brachte), und schon schwebten sie durch die Luft!

Drei weite Runden musste Kater Konstantin um das Schlösschen fliegen, bis die Kinder zufrieden waren. Und es war ganz schön frostig an diesem Tag. Die Teppichfransen hatten Eiszapfen bekommen, und auch des Onkels Schnurrbart und Schwanz waren ganz vereist, als sie endlich in das warme Schloss zurückkehrten.

Editorische Notiz

Dieses Bilderbuch hat Erwin Moser aus seinen vergriffenen *Kalendergeschichten* von 1996, 1997, 1998, 1999 und 2000 zusammengestellt. Die Bilder der Titelseiten und die Titelvignetten wurden neu gezeichnet. In gleicher Ausstattung liegen von Erwin Moser bereits folgende Bände mit Gute-Nacht-Geschichten vor: *Der Rabe im Schnee, Ein seltsamer Gast, Sultan Mudschi, Der Siebenschläfer, Der karierte Uhu, Das Findelkind, Mario der Bär, Die geheimnisvolle Eule* und *Der Mäusejaguar*.

© 2001 Beltz Verlag, Weinheim und Basel
Programm Beltz & Gelberg, Weinheim
Alle Rechte vorbehalten
Neue Rechtschreibung
Einband von Erwin Moser
Gesamtherstellung
Druckhaus Beltz, 69494 Hemsbach
Printed in Germany
ISBN 3 407 79273 5
1 2 3 4 5 6   06 05 04 03 02 01